TRANZLATY

Sprache ist für alle da

Язык для всех

Die Schöne und das Biest

Красавица и чудовище

Gabrielle-Suzanne Barbot de Villeneuve

Deutsch / Русский

Copyright © 2025 Tranzlaty
All rights reserved
Published by Tranzlaty
ISBN: 978-1-80572-025-6
Original text by Gabrielle-Suzanne Barbot de Villeneuve
La Belle et la Bête
First published in French in 1740
Taken from The Blue Fairy Book (Andrew Lang)
Illustration by Walter Crane
www.tranzlaty.com

Es war einmal ein reicher Kaufmann
Жил-был богатый купец
dieser reiche Kaufmann hatte sechs Kinder
у этого богатого купца было шестеро детей
Er hatte drei Söhne und drei Töchter
у него было три сына и три дочери
Er hat keine Kosten für ihre Ausbildung gescheut
он не жалел денег на их образование
weil er ein vernünftiger Mann war
потому что он был человеком здравого смысла
aber er gab seinen Kindern viele Diener
но он дал своим детям много слуг
seine Töchter waren überaus hübsch
его дочери были чрезвычайно хорошенькие
und seine jüngste Tochter war besonders hübsch
и его младшая дочь была особенно хороша
Schon als Kind wurde ihre Schönheit bewundert
еще в детстве ее красотой восхищались
und die Leute nannten sie nach ihrer Schönheit
и люди называли ее по ее красоте
Ihre Schönheit verblasste nicht, als sie älter wurde
ее красота не увяла с возрастом
Deshalb nannten die Leute sie weiterhin wegen ihrer Schönheit
поэтому люди продолжали называть ее по ее красоте
das machte ihre Schwestern sehr eifersüchtig
это заставило ее сестер очень завидовать
Die beiden ältesten Töchter waren sehr stolz
две старшие дочери очень гордились
Ihr Reichtum war die Quelle ihres Stolzes
их богатство было источником их гордости
und sie verbargen ihren Stolz nicht
и они не скрывали своей гордости
Sie besuchten nicht die Töchter anderer Kaufleute
они не навещали дочерей других купцов
weil sie nur mit Aristokraten zusammentreffen

потому что они встречаются только с аристократией
Sie gingen jeden Tag zu Partys
они каждый день ходили на вечеринки
Bälle, Theaterstücke, Konzerte usw.
балы, спектакли, концерты и т. д.
und sie lachten über ihre jüngste Schwester
и они смеялись над своей младшей сестрой
weil sie die meiste Zeit mit Lesen verbrachte
потому что большую часть времени она проводила за чтением
Es war allgemein bekannt, dass sie reich waren
было хорошо известно, что они были богаты
so hielten mehrere bedeutende Kaufleute um ihre Hand an
поэтому несколько именитых купцов просили их руки
aber sie sagten, sie würden nicht heiraten
но они сказали, что не собираются жениться
aber sie waren bereit, einige Ausnahmen zu machen
но они были готовы сделать некоторые исключения
„Vielleicht könnte ich einen Herzog heiraten"
«возможно, я могла бы выйти замуж за герцога»
„Ich schätze, ich könnte einen Grafen heiraten"
«Думаю, я могла бы выйти замуж за графа»
Schönheit dankte sehr höflich denen, die ihr einen Antrag gemacht hatten
красавица очень вежливо поблагодарила тех, кто сделал ей предложение
Sie sagte ihnen, sie sei noch zu jung zum Heiraten
она сказала им, что она еще слишком молода, чтобы выходить замуж
Sie wollte noch ein paar Jahre bei ihrem Vater bleiben
она хотела остаться еще на несколько лет со своим отцом
Auf einmal verlor der Kaufmann sein Vermögen
Вдруг купец потерял свое состояние.
er verlor alles außer einem kleinen Landhaus
он потерял все, кроме небольшого загородного дома
und er sagte seinen Kindern mit Tränen in den Augen:

и он сказал своим детям со слезами на глазах:
„Wir müssen aufs Land gehen"
«мы должны поехать в деревню»
„und wir müssen für unseren Lebensunterhalt arbeiten"
«и мы должны работать, чтобы жить»
die beiden ältesten Töchter wollten die Stadt nicht verlassen
две старшие дочери не хотели покидать город
Sie hatten mehrere Liebhaber in der Stadt
у них было несколько любовников в городе
und sie waren sicher, dass einer ihrer Liebhaber sie heiraten würde
и они были уверены, что кто-то из их возлюбленных женится на них
Sie dachten, ihre Liebhaber würden sie heiraten, auch wenn sie kein Vermögen hätten
они думали, что их возлюбленные женятся на них даже без всякого состояния
aber die guten Damen haben sich geirrt
но добрые дамы ошиблись
Ihre Liebhaber verließen sie sehr schnell
их возлюбленные очень быстро их бросили
weil sie kein Vermögen mehr hatten
потому что у них больше не было состояний
das zeigte, dass sie nicht wirklich beliebt waren
это показало, что на самом деле их не очень любили
alle sagten, sie verdienen kein Mitleid
все говорили, что они не заслуживают жалости
„Wir sind froh, dass ihr Stolz gedemütigt wurde"
«мы рады видеть, что их гордость усмирена»
„Lasst sie stolz darauf sein, Kühe zu melken"
«пусть гордятся тем, что доят коров»
aber sie waren um Schönheit besorgt
но они заботились о красоте
sie war so ein süßes Geschöpf
она была таким милым созданием
Sie sprach so freundlich zu armen Leuten

она так любезно говорила с бедными людьми
und sie war von solch unschuldiger Natur
и она была такой невинной натуры
Mehrere Herren hätten sie geheiratet
Несколько джентльменов хотели бы жениться на ней
Sie hätten sie geheiratet, obwohl sie arm war
они бы женились на ней, даже если бы она была бедна
aber sie sagte ihnen, sie könne sie nicht heiraten
но она сказала им, что не может выйти за них замуж
weil sie ihren Vater nicht verlassen wollte
потому что она не хотела оставлять своего отца
sie war entschlossen, mit ihm aufs Land zu fahren
она была полна решимости поехать с ним в деревню
damit sie ihn trösten und ihm helfen konnte
чтобы она могла утешить и помочь ему
Die arme Schönheit war zunächst sehr betrübt
Бедная красавица сначала очень горевала.
sie war betrübt über den Verlust ihres Vermögens
она была опечален потерей своего состояния
„Aber Weinen wird mein Schicksal nicht ändern"
«но плач не изменит мою судьбу»
„Ich muss versuchen, ohne Reichtum glücklich zu sein"
«Я должен попытаться сделать себя счастливым без богатства»
Sie kamen zu ihrem Landhaus
они приехали в свой загородный дом
und der Kaufmann und seine drei Söhne widmeten sich der Landwirtschaft
а купец и его три сына занялись земледелием
Schönheit stand um vier Uhr morgens auf
красавица встала в четыре утра
und sie beeilte sich, das Haus zu putzen
и она поспешила убрать дом
und sie sorgte dafür, dass das Abendessen fertig war
и она позаботилась о том, чтобы ужин был готов
ihr neues Leben fiel ihr zunächst sehr schwer

Вначале ей было очень трудно жить новой жизнью.
weil sie diese Arbeit nicht gewohnt war
потому что она не привыкла к такой работе
aber in weniger als zwei Monaten wurde sie stärker
но менее чем за два месяца она окрепла
und sie war gesünder als je zuvor
и она была здоровее, чем когда-либо прежде
nachdem sie ihre arbeit erledigt hatte, las sie
после того, как она сделала свою работу, она прочитала
sie spielte Cembalo
она играла на клавесине
oder sie sang, während sie Seide spann
или она пела, пока пряла шелк
im Gegenteil, ihre beiden Schwestern wussten nicht, wie sie ihre Zeit verbringen sollten
напротив, ее две сестры не знали, как провести свое время
Sie standen um zehn auf und taten den ganzen Tag nichts anderes als herumzufaulenzen
они вставали в десять и ничего не делали, только бездельничали весь день
Sie beklagten den Verlust ihrer schönen Kleider
они оплакивали потерю своей прекрасной одежды
und sie beklagten sich über den Verlust ihrer Bekannten
и они жаловались на потерю своих знакомых
„Schau dir unsere jüngste Schwester an", sagten sie zueinander
«Посмотрите на нашу младшую сестру», — сказали они друг другу.
„Was für ein armes und dummes Geschöpf sie ist"
«какое же она бедное и глупое существо»
„Es ist gemein, mit so wenig zufrieden zu sein"
«Подло довольствоваться малым»
der freundliche Kaufmann war ganz anderer Meinung
добрый торговец был совсем другого мнения
er wusste sehr wohl, dass Schönheit ihre Schwestern übertraf

он прекрасно знал, что красота затмевает ее сестер
Sie übertraf sie sowohl charakterlich als auch geistig
она превзошла их как по характеру, так и по уму
er bewunderte ihre Bescheidenheit und ihre harte Arbeit
он восхищался ее скромностью и трудолюбием
aber am meisten bewunderte er ihre Geduld
но больше всего он восхищался ее терпением
Ihre Schwestern überließen ihr die ganze Arbeit
ее сестры оставили ей всю работу
und sie beleidigten sie ständig
и они оскорбляли ее каждую минуту
Die Familie hatte etwa ein Jahr lang so gelebt
Семья жила так около года.
dann bekam der Kaufmann einen Brief von einem Buchhalter
затем торговец получил письмо от бухгалтера
er hatte in ein Schiff investiert
у него были инвестиции в корабль
und das Schiff war sicher angekommen
и корабль благополучно прибыл
diese Nachricht ließ die beiden ältesten Töchter staunen
эта новость вскружила голову двум старшим дочерям
Sie hatten sofort die Hoffnung, in die Stadt zurückzukehren
у них сразу же появилась надежда вернуться в город
weil sie des Landlebens überdrüssig waren
потому что они были довольно утомлены сельской жизнью
Sie gingen zu ihrem Vater, als er ging
они пошли к отцу, когда он уходил
Sie baten ihn, ihnen neue Kleider zu kaufen
они умоляли его купить им новую одежду
Kleider, Bänder und allerlei Kleinigkeiten
платья, ленты и всякие мелочи
aber die Schönheit verlangte nichts
но красота ничего не просила
weil sie dachte, das Geld würde nicht reichen

потому что она думала, что денег будет недостаточно
es würde nicht reichen, um alles zu kaufen, was ihre Schwestern wollten
не хватило бы денег, чтобы купить все, что хотели ее сестры
„Was möchtest du, Schönheit?", fragte ihr Vater
«Чего бы ты хотела, красавица?» — спросил ее отец.
"Danke, Vater, dass du so nett bist, an mich zu denken", sagte sie
«Спасибо, отец, за доброту, что ты думаешь обо мне», — сказала она.
„Vater, sei so freundlich und bring mir eine Rose mit"
«Отец, будь так добр, принеси мне розу»
„weil hier im Garten keine Rosen wachsen"
«потому что здесь в саду не растут розы»
„und Rosen sind eine Art Rarität"
"а розы - это своего рода редкость"
Schönheit mochte Rosen nicht wirklich
красавица не очень любила розы
sie bat nur um etwas, um ihre Schwestern nicht zu verurteilen
она только просила о чем-то, чтобы не осуждать своих сестер
aber ihre Schwestern dachten, sie hätte aus anderen Gründen nach Rosen gefragt
но ее сестры думали, что она просила розы по другим причинам
„Sie hat es nur getan, um besonders auszusehen"
«Она сделала это просто чтобы выглядеть особенной»
Der freundliche Mann machte sich auf die Reise
Добрый человек отправился в путешествие
aber als er ankam, stritten sie über die Ware
но когда он приехал, они спорили о товаре
und nach viel Ärger kam er genauso arm zurück wie zuvor
и после многих хлопот он вернулся таким же бедным, как и прежде

er war nur ein paar Stunden von seinem eigenen Haus entfernt
он был в паре часов езды от своего дома
und er stellte sich schon die Freude vor, seine Kinder zu sehen
и он уже представлял себе радость увидеть своих детей
aber als er durch den Wald ging, verirrte er sich
но когда он шел через лес, он заблудился
es hat furchtbar geregnet und geschneit
шел ужасный дождь и снег
der Wind war so stark, dass er ihn vom Pferd warf
ветер был настолько сильным, что сбросил его с лошади
und die Nacht kam schnell
и ночь быстро приближалась
er begann zu glauben, er müsse verhungern
он начал думать, что может умереть с голоду
und er dachte, er könnte erfrieren
и он подумал, что может замерзнуть насмерть
und er dachte, Wölfe könnten ihn fressen
и он думал, что волки могут съесть его
die Wölfe, die er um sich herum heulen hörte
волки, которых он слышал воющими вокруг него
aber plötzlich sah er ein Licht
но вдруг он увидел свет
er sah das Licht in der Ferne durch die Bäume
он увидел свет вдалеке сквозь деревья
als er näher kam, sah er, dass das Licht ein Palast war
Когда он приблизился, он увидел, что свет был дворцом.
der Palast war von oben bis unten beleuchtet
дворец был освещен сверху донизу
Der Kaufmann dankte Gott für sein Glück
купец поблагодарил Бога за свою удачу
und er eilte zum Palast
и он поспешил во дворец
aber er war überrascht, keine Leute im Palast zu sehen
но он был удивлен, не увидев никого во дворце

der Hof war völlig leer
двор был совершенно пуст
und nirgendwo ein Lebenszeichen
и нигде не было никаких признаков жизни
sein Pferd folgte ihm in den Palast
его лошадь последовала за ним во дворец
und dann fand sein Pferd großen Stall
и затем его лошадь нашла большую конюшню
das arme Tier war fast verhungert
бедное животное почти умерло от голода
also ging sein Pferd hinein, um Heu und Hafer zu finden
поэтому его лошадь пошла искать сено и овес
zum Glück fand er reichlich zu essen
к счастью, он нашел много еды
und der Kaufmann band sein Pferd an die Krippe
а купец привязал коня к яслям
Als er zum Haus ging, sah er niemanden
идя к дому он никого не увидел
aber in einer großen Halle fand er ein gutes Feuer
но в большом зале он нашел хороший огонь
und er fand einen Tisch für eine Person gedeckt
и он нашел стол, накрытый для одного
er war nass vom Regen und Schnee
он был мокрый от дождя и снега
Also ging er zum Feuer, um sich abzutrocknen
поэтому он подошел к огню, чтобы вытереться.
„Ich hoffe, der Hausherr entschuldigt mich"
«Надеюсь, хозяин дома меня извинит».
„Ich schätze, es wird nicht lange dauern, bis jemand auftaucht."
«Я полагаю, что не пройдет много времени, как кто-то появится».
Er wartete eine beträchtliche Zeit
Он ждал довольно долго
er wartete, bis es elf schlug, und noch immer kam niemand
он ждал, пока не пробило одиннадцать, но никто так и не

пришел
Schließlich war er so hungrig, dass er nicht länger warten konnte
наконец он был так голоден, что не мог больше ждать
er nahm ein Hühnchen und aß es in zwei Bissen
он взял немного курицы и съел ее в два приема
er zitterte beim Essen
он дрожал, пока ел еду
danach trank er ein paar Gläser Wein
после этого он выпил несколько бокалов вина
Er wurde mutiger und verließ den Saal
становясь все смелее, он вышел из зала
und er durchquerte mehrere große Hallen
и он прошел через несколько больших залов
Er ging durch den Palast, bis er in eine Kammer kam
он прошел через дворец, пока не пришел в комнату
eine Kammer, in der sich ein überaus gutes Bett befand
комната, в которой была очень хорошая кровать
er war von der Tortur sehr erschöpft
он был очень измотан после пережитого испытания
und es war schon nach Mitternacht
и время было уже за полночь
also beschloss er, dass es das Beste sei, die Tür zu schließen
поэтому он решил, что лучше закрыть дверь
und er beschloss, dass er zu Bett gehen sollte
и он пришел к выводу, что ему следует пойти спать
Es war zehn Uhr morgens, als der Kaufmann aufwachte
Было десять утра, когда торговец проснулся.
gerade als er aufstehen wollte, sah er etwas
как раз когда он собирался встать, он увидел что-то
er war erstaunt, saubere Kleidung zu sehen
он был поражен, увидев чистый комплект одежды
an der Stelle, wo er seine schmutzigen Kleider zurückgelassen hatte
в том месте, где он оставил свою грязную одежду
"Mit Sicherheit gehört dieser Palast einer netten Fee"

«Этот дворец, несомненно, принадлежит какой-то фее»
„eine Fee, die mich gesehen und bemitleidet hat"
« фея , которая увидела меня и пожалела»
er sah durch ein Fenster
он посмотрел в окно
aber statt Schnee sah er den herrlichsten Garten
но вместо снега он увидел прекраснейший сад
und im Garten waren die schönsten Rosen
и в саду были самые красивые розы
dann kehrte er in die große Halle zurück
Затем он вернулся в большой зал
der Saal, in dem er am Abend zuvor Suppe gegessen hatte
зал, где он ел суп накануне вечером
und er fand etwas Schokolade auf einem kleinen Tisch
и он нашел немного шоколада на маленьком столике
„Danke, liebe Frau Fee", sagte er laut
«Спасибо, добрая госпожа фея», — сказал он вслух.
„Danke für Ihre Fürsorge"
«Спасибо за вашу заботу»
„Ich bin Ihnen für all Ihre Gefälligkeiten äußerst dankbar"
«Я чрезвычайно признателен вам за все ваши одолжения»
Der freundliche Mann trank seine Schokolade
добрый человек выпил свой шоколад
und dann ging er sein Pferd suchen
а затем он пошел искать свою лошадь
aber im Garten erinnerte er sich an die Bitte der Schönheit
но в саду он вспомнил просьбу красавицы
und er schnitt einen Rosenzweig ab
и он срезал ветку роз
sofort hörte er ein lautes Geräusch
тотчас он услышал сильный шум
und er sah ein furchtbar furchtbares Tier
и он увидел ужасно страшного зверя
er war so erschrocken, dass er kurz davor war, ohnmächtig zu werden
он был так напуган, что был готов упасть в обморок

„Du bist sehr undankbar", sagte das Tier zu ihm
«Ты очень неблагодарен», — сказал ему зверь.
und das Tier sprach mit schrecklicher Stimme
и зверь заговорил страшным голосом
„Ich habe dein Leben gerettet, indem ich dich in mein Schloss gelassen habe"
«Я спас тебе жизнь, впустив тебя в свой замок»
"und dafür stiehlst du mir im Gegenzug meine Rosen?"
«И за это ты крадешь мои розы?»
„Die Rosen sind für mich mehr wert als alles andere"
«Розы, которые я ценю больше всего на свете»
„Aber du wirst für das, was du getan hast, sterben"
«но ты умрешь за то, что ты сделал»
„Ich gebe Ihnen nur eine Viertelstunde, um sich vorzubereiten"
«Я даю вам всего четверть часа, чтобы подготовиться».
„Bereiten Sie sich auf den Tod vor und sprechen Sie Ihre Gebete"
«приготовьтесь к смерти и помолитесь»
der Kaufmann fiel auf die Knie
купец упал на колени
und er hob beide Hände
и он поднял обе руки свои
„Mein Herr, ich flehe Sie an, mir zu vergeben"
«Мой господин, умоляю вас простить меня».
„Ich hatte nicht die Absicht, Sie zu beleidigen"
«Я не имел намерения вас обидеть»
„Ich habe für eine meiner Töchter eine Rose gepflückt"
«Я сорвал розу для одной из моих дочерей»
„Sie bat mich, ihr eine Rose mitzubringen"
«она попросила меня принести ей розу»
„Ich bin nicht euer Herr, sondern ein Tier", antwortete das Monster
«Я не твой господин, но я зверь», — ответило чудовище.
„Ich mag keine Komplimente"
«Я не люблю комплименты»

„Ich mag Menschen, die so sprechen, wie sie denken"
«Мне нравятся люди, которые говорят то, что думают»
„glauben Sie nicht, dass ich durch Schmeicheleien bewegt werden kann"
«не думай, что меня можно тронуть лестью»
„Aber Sie sagen, Sie haben Töchter"
«Но вы говорите, что у вас есть дочери»
„Ich werde dir unter einer Bedingung vergeben"
«Я прощу тебя при одном условии»
„Eine deiner Töchter muss freiwillig in meinen Palast kommen"
«Одна из твоих дочерей должна добровольно приехать в мой дворец»
"und sie muss für dich leiden"
"и она должна страдать за тебя"
„Gib mir Dein Wort"
«Дай мне слово»
„Und dann können Sie Ihren Geschäften nachgehen"
«а потом можешь заняться своими делами»
„Versprich mir das:"
«Пообещай мне это:»
„Wenn Ihre Tochter sich weigert, für Sie zu sterben, müssen Sie innerhalb von drei Monaten zurückkehren"
«Если твоя дочь откажется умереть за тебя, ты должен вернуться в течение трех месяцев»
der Kaufmann hatte nicht die Absicht, seine Töchter zu opfern
купец не собирался приносить в жертву своих дочерей
aber da ihm Zeit gegeben wurde, wollte er seine Töchter noch einmal sehen
но, поскольку ему дали время, он захотел увидеть своих дочерей еще раз
also versprach er, dass er zurückkehren würde
поэтому он пообещал, что вернется
und das Tier sagte ihm, er könne aufbrechen, wann er wolle
и зверь сказал ему, что он может отправиться в путь, когда

пожелает.
und das Tier erzählte ihm noch etwas
и зверь сказал ему еще одну вещь
„Du sollst nicht mit leeren Händen gehen"
«Вы не уйдете с пустыми руками»
„Geh zurück in das Zimmer, in dem du lagst"
"возвращайся в комнату, где ты лежал"
„Sie werden eine große leere Schatzkiste sehen"
«Вы увидите большой пустой сундук с сокровищами»
„Fülle die Schatzkiste mit allem, was Dir am besten gefällt"
«Наполните сундук сокровищ тем, что вам больше всего нравится»
„und ich werde die Schatzkiste zu Dir nach Hause schicken"
«И я отправлю сундук с сокровищами к тебе домой»
und gleichzeitig zog sich das Tier zurück
и в то же время зверь отступил
„Nun", sagte sich der gute Mann
«Ну что ж», — сказал себе добрый человек.
„Wenn ich sterben muss, werde ich meinen Kindern wenigstens etwas hinterlassen"
«Если мне суждено умереть, я, по крайней мере, оставлю что-то своим детям»
so kehrte er ins Schlafzimmer zurück
поэтому он вернулся в спальню
und er fand sehr viele Goldstücke
и он нашел великое множество золотых монет
er füllte die Schatzkiste, die das Tier erwähnt hatte
он наполнил сундук с сокровищами, о котором говорил зверь
und er holte sein Pferd aus dem Stall
и он вывел свою лошадь из конюшни
die Freude, die er beim Betreten des Palastes empfand, war nun genauso groß wie die Trauer, die er beim Verlassen des Palastes empfand
Радость, которую он испытал, войдя во дворец, теперь была равна печали, которую он испытывал, покидая его.

Das Pferd nahm einen der Wege im Wald
лошадь пошла по одной из лесных дорог
und in wenigen Stunden war der gute Mann zu Hause
и через несколько часов добрый человек был дома
seine Kinder kamen zu ihm
его дети пришли к нему
aber anstatt ihre Umarmungen mit Freude entgegenzunehmen, sah er sie an
но вместо того, чтобы с удовольствием принять их объятия, он посмотрел на них
er hielt den Ast hoch, den er in den Händen hielt
он поднял ветку, которую держал в руках
und dann brach er in Tränen aus
а потом он разрыдался
„Schönheit", sagte er, „nimm bitte diese Rosen"
«Красавица», сказал он, «пожалуйста, возьми эти розы».
„Sie können nicht wissen, wie teuer diese Rosen waren"
«Вы не можете знать, насколько дорогими были эти розы»
„Diese Rosen haben deinen Vater das Leben gekostet"
«Эти розы стоили жизни твоему отцу»
und dann erzählte er von seinem tödlichen Abenteuer
и затем он рассказал о своем роковом приключении
Sofort schrien die beiden ältesten Schwestern
тут же две старшие сестры закричали
und sie sagten viele gemeine Dinge zu ihrer schönen Schwester
и они сказали много гадостей своей прекрасной сестре
aber die Schönheit weinte überhaupt nicht
но красавица совсем не плакала
„Seht euch den Stolz dieses kleinen Schurken an", sagten sie
«Посмотрите на гордость этого маленького негодяя», — сказали они.
„Sie hat nicht nach schönen Kleidern gefragt"
«она не просила красивую одежду»
„Sie hätte tun sollen, was wir getan haben"

«Она должна была сделать то, что сделали мы»
„Sie wollte sich hervortun"
«она хотела отличиться»
„so wird sie nun den Tod unseres Vaters bedeuten"
«Теперь она станет причиной смерти нашего отца»
„und doch vergießt sie keine Träne"
"и все же она не проливает ни слезинки"
"Warum sollte ich weinen?", antwortete die Schönheit
«Почему я должна плакать?» — ответила красавица.
„Weinen wäre völlig unnötig"
«плакать было бы совершенно бесполезно»
„Mein Vater wird nicht für mich leiden"
«мой отец не будет страдать за меня»
„Das Monster wird eine seiner Töchter akzeptieren"
«монстр примет одну из своих дочерей»
„Ich werde mich seiner ganzen Wut aussetzen"
«Я отдам себя на растерзание всей его ярости»
„Ich bin sehr glücklich, denn mein Tod wird das Leben meines Vaters retten"
«Я очень счастлив, потому что моя смерть спасет жизнь моему отцу»
„Mein Tod wird ein Beweis meiner Liebe sein"
«моя смерть будет доказательством моей любви»
„Nein, Schwester", sagten ihre drei Brüder
«Нет, сестра», — сказали ее три брата.
„das darf nicht sein"
"этого не будет"
„Wir werden das Monster finden"
«Мы пойдем искать монстра»
"und entweder wir werden ihn töten..."
«И либо мы его убьем...»
„... oder wir werden bei dem Versuch umkommen"
«...или мы погибнем в попытке»
„Stellt euch nichts dergleichen vor, meine Söhne", sagte der Kaufmann
«Не воображайте ничего подобного, сыновья мои», —

сказал купец.
„Die Kraft des Biests ist so groß, dass ich keine Hoffnung habe, dass Ihr es besiegen könntet."
«Сила зверя так велика, что у меня нет надежды, что ты сможешь его одолеть»
„Ich bin entzückt von dem freundlichen und großzügigen Angebot der Schönheit"
«Я очарован добрым и щедрым предложением красоты»
„aber ich kann ihre Großzügigkeit nicht annehmen"
«но я не могу принять ее щедрость»
„Ich bin alt und habe nicht mehr lange zu leben"
«Я стар, и жить мне осталось недолго»
„also kann ich nur ein paar Jahre verlieren"
«поэтому я могу потерять только несколько лет»
„Zeit, die ich für euch bereue, meine lieben Kinder"
"время, которого мне жаль для вас, мои дорогие дети"
„Aber Vater", sagte die Schönheit
«Но отец», сказала красавица
„Du sollst nicht ohne mich in den Palast gehen"
«Ты не пойдешь во дворец без меня»
„Du kannst mich nicht davon abhalten, dir zu folgen"
«Ты не можешь помешать мне следовать за тобой»
nichts könnte Schönheit vom Gegenteil überzeugen
ничто не могло убедить красоту в противном случае
Sie bestand darauf, in den schönen Palast zu gehen
она настояла на том, чтобы пойти в прекрасный дворец
und ihre Schwestern waren erfreut über ihre Beharrlichkeit
и ее сестры были в восторге от ее настойчивости
Der Kaufmann war besorgt bei dem Gedanken, seine Tochter zu verlieren
Купец был обеспокоен мыслью о потере дочери.
er war so besorgt, dass er die Truhe voller Gold vergessen hatte
он был так обеспокоен, что забыл о сундуке, полном золота
Abends begab er sich zur Ruhe und schloss die Tür seines

Zimmers.
ночью он удалился спать и закрыл дверь своей комнаты
Dann fand er zu seinem großen Erstaunen den Schatz neben seinem Bett.
затем, к своему великому удивлению, он нашел сокровище у своей кровати.
er war entschlossen, es seinen Kindern nicht zu erzählen
он был полон решимости не рассказывать своим детям
Wenn sie es gewusst hätten, wären sie in die Stadt zurückgekehrt
если бы они знали, они бы захотели вернуться в город
und er war entschlossen, das Land nicht zu verlassen
и он решил не покидать деревню
aber er vertraute der Schönheit das Geheimnis
но он доверил красоте свой секрет
Sie teilte ihm mit, dass zwei Herren gekommen seien
она сообщила ему, что пришли два джентльмена
und sie machten ihren Schwestern einen Heiratsantrag
и они сделали предложения ее сестрам
Sie bat ihren Vater, ihrer Heirat zuzustimmen
она умоляла отца дать согласие на их брак
und sie bat ihn, ihnen etwas von seinem Vermögen zu geben
и она попросила его отдать им часть своего состояния
sie hatte ihnen bereits vergeben
она уже простила их
Die bösen Kreaturen rieben ihre Augen mit Zwiebeln
злые твари натирали глаза луком
um beim Abschied von der Schwester ein paar Tränen zu vergießen
чтобы заставить некоторых плакать, когда они расставались со своей сестрой
aber ihre Brüder waren wirklich besorgt
но ее братья действительно были обеспокоены
Schönheit war die einzige, die keine Tränen vergoss
Красавица была единственной, кто не пролил ни

слезинки.
sie wollte ihr Unbehagen nicht vergrößern
она не хотела усиливать их беспокойство
Das Pferd nahm den direkten Weg zum Palast
конь направился прямиком во дворец
und gegen Abend sahen sie den erleuchteten Palast
и к вечеру они увидели освещенный дворец
das Pferd begab sich wieder in den Stall
лошадь снова пошла в конюшню
und der gute Mann und seine Tochter gingen in die große Halle
и добрый человек и его дочь вошли в большой зал
hier fanden sie einen herrlich gedeckten Tisch
Здесь они нашли великолепно сервированный стол.
der Kaufmann hatte keinen Appetit zu essen
у торговца не было аппетита
aber die Schönheit bemühte sich, fröhlich zu erscheinen
но красота старалась казаться веселой
sie setzte sich an den Tisch und half ihrem Vater
она села за стол и помогла отцу
aber sie dachte auch bei sich:
но она также подумала про себя:
„Das Biest will mich sicher mästen, bevor es mich frisst"
«Зверь наверняка хочет меня откормить, прежде чем съесть»
„deshalb sorgt er für so viel Unterhaltung"
«Вот почему он обеспечивает такое обильное развлечение»
Nachdem sie gegessen hatten, hörten sie ein großes Geräusch
после того как они поели, они услышали сильный шум
und der Kaufmann verabschiedete sich mit Tränen in den Augen von seinem unglücklichen Kind
и купец простился со своим несчастным ребенком со слезами на глазах
weil er wusste, dass das Biest kommen würde
потому что он знал, что зверь приближается

Die Schönheit war entsetzt über seine schreckliche Gestalt
красавица была в ужасе от его ужасного вида
aber sie nahm ihren Mut zusammen, so gut sie konnte
но она набралась смелости, как могла
und das Monster fragte sie, ob sie freiwillig mitkäme
и чудовище спросило ее, пришла ли она добровольно
"ja, ich bin freiwillig gekommen", sagte sie zitternd
«Да, я пришла добровольно», — сказала она, дрожа
Das Tier antwortete: „Du bist sehr gut"
зверь ответил: «Ты очень хорош».
„und ich bin Ihnen zu großem Dank verpflichtet, ehrlicher Mann"
"и я вам очень обязан; честный человек"
„Geht morgen früh eure Wege"
"иди своей дорогой завтра утром"
„aber denk nie daran, wieder hierher zu kommen"
"но никогда не думай приходить сюда снова"
„Lebe wohl, Schönheit, lebe wohl, Biest", antwortete er
«Прощай, красавица, прощай, чудовище», — ответил он.
und sofort zog sich das Monster zurück
и тут же чудовище удалилось
"Oh, Tochter", sagte der Kaufmann
«О, дочка», сказал купец
und er umarmte seine Tochter noch einmal
и он обнял свою дочь еще раз
„Ich habe fast Todesangst"
«Я почти до смерти напуган»
„glauben Sie mir, Sie sollten lieber zurückgehen"
«Поверь мне, тебе лучше вернуться»
„Lass mich hier bleiben, statt dir"
«позволь мне остаться здесь вместо тебя»
„Nein, Vater", sagte die Schönheit entschlossen
«Нет, отец», — сказала красавица решительным тоном.
„Du sollst morgen früh aufbrechen"
«Вы отправитесь завтра утром»
„überlasse mich der Obhut und dem Schutz der Vorsehung"

«предоставьте меня заботе и защите провидения»
trotzdem gingen sie zu Bett
тем не менее они пошли спать
Sie dachten, sie würden die ganze Nacht kein Auge zutun
они думали, что не сомкнут глаз всю ночь
aber als sie sich hinlegten, schliefen sie ein
но как только они легли, они уснули
Die Schönheit träumte, eine schöne Dame kam und sagte zu ihr:
Красавице приснилось, что пришла прекрасная дама и сказала ей:
„Ich bin zufrieden, Schönheit, mit deinem guten Willen"
«Я доволен, красавица, твоей доброй волей»
„Diese gute Tat von Ihnen wird nicht unbelohnt bleiben"
«Этот ваш добрый поступок не останется без награды»
Die Schöne erwachte und erzählte ihrem Vater ihren Traum
Красавица проснулась и рассказала отцу свой сон.
der Traum tröstete ihn ein wenig
сон помог ему немного успокоиться
aber er konnte nicht anders, als bitterlich zu weinen, als er ging
но он не мог не горько плакать, когда уходил
Sobald er weg war, setzte sich Schönheit in die große Halle und weinte ebenfalls
как только он ушел, красавица села в большом зале и тоже заплакала
aber sie beschloss, sich keine Sorgen zu machen
но она решила не беспокоиться
Sie beschloss, in der kurzen Zeit, die ihr noch zu leben blieb, stark zu sein
она решила быть сильной в то короткое время, что ей осталось жить
weil sie fest davon überzeugt war, dass das Biest sie fressen würde
потому что она твердо верила, что зверь ее съест
Sie dachte jedoch, sie könnte genauso gut den Palast

erkunden
Однако она подумала, что могла бы также осмотреть дворец
und sie wollte das schöne Schloss besichtigen
и она хотела осмотреть прекрасный замок
ein Schloss, das sie bewundern musste
замок, которым она не могла не восхищаться
Es war ein wunderbar angenehmer Palast
это был восхитительно приятный дворец
und sie war äußerst überrascht, als sie eine Tür sah
и она была крайне удивлена, увидев дверь
und über der Tür stand, dass es ihr Zimmer sei
а над дверью было написано, что это ее комната
sie öffnete hastig die Tür
она поспешно открыла дверь
und sie war ganz geblendet von der Pracht des Raumes
и она была совершенно ослеплена великолепием комнаты
was ihre Aufmerksamkeit vor allem auf sich zog, war eine große Bibliothek
что больше всего привлекло ее внимание, так это большая библиотека
ein Cembalo und mehrere Notenbücher
клавесин и несколько нотных тетрадей
„Nun", sagte sie zu sich selbst
«Ну», — сказала она себе,
„Ich sehe, das Biest wird meine Zeit nicht verstreichen lassen"
«Я вижу, что зверь не позволит моему времени тянуться».
dann dachte sie über ihre Situation nach
затем она задумалась о своей ситуации
„Wenn ich einen Tag bleiben sollte, wäre das alles nicht hier"
«Если бы мне суждено было остаться на день, всего этого здесь не было бы»
diese Überlegung gab ihr neuen Mut
это соображение вселило в нее новую смелость

und sie nahm ein Buch aus ihrer neuen Bibliothek
и она взяла книгу из своей новой библиотеки
und sie las diese Worte in goldenen Buchstaben:
и она прочла эти слова золотыми буквами:
„Begrüße Schönheit, vertreibe die Angst"
«Приветствуй красоту, прогони страх»
„Du bist hier Königin und Herrin"
«Ты здесь королева и хозяйка»
„Sprich deine Wünsche aus, sprich deinen Willen aus"
«Выскажи свои желания, выскажи свою волю»
„Schneller Gehorsam begegnet hier Ihren Wünschen"
«Быстрое послушание здесь отвечает вашим желаниям»
"Ach", sagte sie mit einem Seufzer
«Увы», — сказала она со вздохом.
„Am meisten wünsche ich mir, meinen armen Vater zu sehen"
«Больше всего я хочу увидеть моего бедного отца»
„und ich würde gerne wissen, was er tut"
"и я хотел бы знать, что он делает"
Kaum hatte sie das gesagt, bemerkte sie den Spiegel
Как только она это сказала, она заметила зеркало.
zu ihrem großen Erstaunen sah sie ihr eigenes Zuhause im Spiegel
к своему великому изумлению она увидела в зеркале свой собственный дом
Ihr Vater kam emotional erschöpft an
ее отец приехал эмоционально истощенным
Ihre Schwestern gingen ihm entgegen
ее сестры пошли ему навстречу
trotz ihrer Versuche, traurig zu wirken, war ihre Freude sichtbar
несмотря на их попытки казаться грустными, их радость была видна
einen Moment später war alles verschwunden
через мгновение все исчезло
und auch die Befürchtungen der Schönheit verschwanden

и опасения красоты тоже исчезли
denn sie wusste, dass sie dem Tier vertrauen konnte
потому что она знала, что может доверять зверю.
Mittags fand sie das Abendessen fertig
В полдень она обнаружила, что ужин готов.
sie setzte sich an den Tisch
она села за стол
und sie wurde mit einem Musikkonzert unterhalten
и ее развлекали концертом музыки
obwohl sie niemanden sehen konnte
хотя она никого не видела
abends setzte sie sich wieder zum Abendessen
ночью она снова села ужинать
diesmal hörte sie das Geräusch, das das Tier machte
на этот раз она услышала звук, который издал зверь.
und sie konnte nicht anders, als Angst zu haben
и она не могла не ужаснуться
"Schönheit", sagte das Monster
"красота", сказал монстр
"erlaubst du mir, mit dir zu essen?"
«Вы позволяете мне есть с вами?»
"Mach, was du willst", antwortete die Schönheit zitternd
«Делай, как хочешь», — дрожа, ответила красавица.
„Nein", antwortete das Tier
«Нет», — ответил зверь.
„Du allein bist hier die Herrin"
"Ты здесь единственная хозяйка"
„Sie können mich wegschicken, wenn ich Ärger mache"
«Вы можете отправить меня прочь, если я доставляю вам неприятности»
„schick mich fort, und ich werde mich sofort zurückziehen"
«отправьте меня, и я немедленно уйду»
„Aber sagen Sie mir: Finden Sie mich nicht sehr hässlich?"
«Но скажите, вы не считаете меня очень уродливым?»
„Das stimmt", sagte die Schönheit
«Это правда», — сказала красавица.

„Ich kann nicht lügen"
«Я не могу лгать»
„aber ich glaube, Sie sind sehr gutmütig"
"но я считаю, что вы очень добродушны"
„Das bin ich tatsächlich", sagte das Monster
«Я действительно», сказал монстр.
„Aber abgesehen von meiner Hässlichkeit habe ich auch keinen Verstand"
«Но кроме моего уродства, у меня еще и нет никакого смысла»
„Ich weiß sehr wohl, dass ich ein dummes Wesen bin"
«Я прекрасно знаю, что я глупое существо»
„Es ist kein Zeichen von Torheit, so zu denken", antwortete die Schönheit
«Это не признак глупости — так думать», — ответила красавица.
„Dann iss, Schönheit", sagte das Monster
«Тогда ешь, красавица», — сказало чудовище.
„Versuchen Sie, sich in Ihrem Palast zu amüsieren"
«попробуй развлечься в своем дворце»
"alles hier gehört dir"
«все здесь твое»
„Und ich wäre sehr unruhig, wenn Sie nicht glücklich wären"
«И мне было бы очень не по себе, если бы ты не был счастлив»
„Sie sind sehr zuvorkommend", antwortete die Schönheit
«Вы очень любезны», — ответила красавица.
„Ich gebe zu, ich freue mich über Ihre Freundlichkeit"
«Признаюсь, я доволен твоей добротой»
„Und wenn ich über deine Freundlichkeit nachdenke, fallen mir deine Missbildungen kaum auf"
«И когда я думаю о твоей доброте, я едва замечаю твои уродства»
„Ja, ja", sagte das Tier, „mein Herz ist gut
«Да, да», — сказал зверь, — «моё сердце доброе».

„Aber obwohl ich gut bin, bin ich immer noch ein Monster"
«но хотя я и хороший, я все равно монстр»
„Es gibt viele Männer, die diesen Namen mehr verdienen als Sie."
«Есть много мужчин, которые заслуживают этого имени больше, чем ты»
„und ich bevorzuge dich, so wie du bist"
"и я предпочитаю тебя таким, какой ты есть"
„und ich ziehe dich denen vor, die ein undankbares Herz verbergen"
«И я предпочитаю тебя больше, чем тех, кто скрывает неблагодарное сердце»
"Wenn ich nur etwas Verstand hätte", antwortete das Biest
«Если бы у меня был хоть какой-то смысл», — ответил зверь.
„Wenn ich vernünftig wäre, würde ich Ihnen als Dank ein schönes Kompliment machen"
«Если бы у меня был смысл, я бы сделал вам прекрасный комплимент, чтобы поблагодарить»
"aber ich bin so langweilig"
"но я такой скучный"
„Ich kann nur sagen, dass ich Ihnen zu großem Dank verpflichtet bin"
«Я могу только сказать, что я вам очень обязан»
Schönheit aß ein herzhaftes Abendessen
красавица съела сытный ужин
und sie hatte ihre Angst vor dem Monster fast überwunden
и она почти победила свой страх перед чудовищем
aber sie wollte ohnmächtig werden, als das Biest ihr die nächste Frage stellte
но она хотела упасть в обморок, когда зверь задал ей следующий вопрос
"Schönheit, willst du meine Frau werden?"
«Красавица, ты будешь моей женой?»
es dauerte eine Weile, bis sie antworten konnte
ей потребовалось некоторое время, прежде чем она

смогла ответить
weil sie Angst hatte, ihn wütend zu machen
потому что она боялась его разозлить
Schließlich sagte sie jedoch "nein, Biest"
Но в конце концов она сказала: «Нет, зверь».
sofort zischte das arme Monster ganz fürchterlich
тут же бедное чудовище зашипело очень страшно
und der ganze Palast hallte
и весь дворец разнесся эхом
aber die Schönheit erholte sich bald von ihrem Schrecken
но красавица вскоре оправилась от испуга
denn das Tier sprach wieder mit trauriger Stimme
потому что зверь снова заговорил скорбным голосом
„Dann leb wohl, Schönheit"
"тогда прощай, красавица"
und er drehte sich nur ab und zu um
и он только время от времени оборачивался назад
um sie anzusehen, als er hinausging
смотреть на нее, когда он вышел
jetzt war die Schönheit wieder allein
теперь красавица снова осталась одна
Sie empfand großes Mitgefühl
она чувствовала большое сострадание
„Ach, es ist tausendmal schade"
«Увы, как жаль»
„Etwas, das so gutmütig ist, sollte nicht so hässlich sein"
«все столь добродушное не должно быть столь уродливым»
Schönheit verbrachte drei Monate sehr zufrieden im Palast
Красавица провела три месяца очень счастливо во дворце
jeden Abend stattete ihr das Biest einen Besuch ab
каждый вечер зверь наносил ей визит
und sie redeten beim Abendessen
и они разговаривали во время ужина
Sie sprachen mit gesundem Menschenverstand
они говорили со здравым смыслом

aber sie sprachen nicht mit dem, was man als geistreich bezeichnet
но они не говорили с тем, что люди называют остроумием
Schönheit entdeckte immer einen wertvollen Charakter im Biest
Красавица всегда находила в звере какую-то ценную черту
und sie hatte sich an seine Missbildung gewöhnt
и она привыкла к его уродству
sie fürchtete sich nicht mehr vor seinem Besuch
она больше не боялась его визита
jetzt schaute sie oft auf die Uhr
теперь она часто смотрела на часы
und sie konnte es kaum erwarten, bis es neun Uhr war
и она не могла дождаться, когда наступит девять часов.
denn das Tier kam immer zu dieser Stunde
потому что зверь никогда не пропускал прихода в этот час
Es gab nur eine Sache, die Schönheit betraf
было только одно, что касалось красоты
jeden Abend, bevor sie ins Bett ging, stellte ihr das Biest die gleiche Frage
Каждый вечер перед сном зверь задавал ей один и тот же вопрос:
Das Monster fragte sie, ob sie seine Frau werden wolle
монстр спросил ее, станет ли она его женой
Eines Tages sagte sie zu ihm: „Biest, du machst mir große Sorgen."
Однажды она сказала ему: «Зверь, ты заставляешь меня чувствовать себя очень неуютно».
„Ich wünschte, ich könnte einwilligen, dich zu heiraten"
«Я бы хотел согласиться выйти за тебя замуж»
„Aber ich bin zu aufrichtig, um dir zu glauben zu machen, dass ich dich heiraten würde"
«но я слишком искренен, чтобы заставить тебя поверить, что я выйду за тебя замуж»
„Unsere Ehe wird nie stattfinden"
«наш брак никогда не состоится»

„Ich werde dich immer als Freund sehen"
«Я всегда буду видеть в тебе друга»
„Bitte versuchen Sie, damit zufrieden zu sein"
«пожалуйста, постарайтесь удовлетвориться этим»
„Damit muss ich zufrieden sein", sagte das Tier
«Я должен быть удовлетворен этим», — сказал зверь.
„Ich kenne mein eigenes Unglück"
«Я знаю свое собственное несчастье»
„aber ich liebe dich mit der zärtlichsten Zuneigung"
"но я люблю тебя с самой нежной привязанностью"
„Ich sollte mich jedoch als glücklich betrachten"
«Однако я должен считать себя счастливым»
"und ich würde mich freuen, wenn du hier bleibst"
"и я должен быть счастлив, что ты останешься здесь"
„versprich mir, mich nie zu verlassen"
«обещай мне никогда не покидать меня»
Schönheit errötete bei diesen Worten
Красавица покраснела при этих словах
Eines Tages schaute die Schönheit in ihren Spiegel
Однажды красавица посмотрела в зеркало
ihr Vater hatte sich schreckliche Sorgen um sie gemacht
ее отец очень беспокоился за нее
sie sehnte sich mehr denn je danach, ihn wiederzusehen
она жаждала увидеть его снова больше, чем когда-либо
„**Ich könnte versprechen, dich nie ganz zu verlassen**"
«Я могу пообещать, что никогда не покину тебя окончательно»
„**aber ich habe so ein großes Verlangen, meinen Vater zu sehen**"
«но у меня такое огромное желание увидеть отца»
„**Ich wäre unendlich verärgert, wenn Sie nein sagen würden**"
«Я буду невероятно расстроен, если ты скажешь «нет»»
"**Ich würde lieber selbst sterben**", sagte das Monster
«Я бы лучше сам умер», — сказал монстр.
„**Ich würde lieber sterben, als dir Unbehagen zu bereiten**"

«Я лучше умру, чем заставлю тебя чувствовать беспокойство»
„Ich werde dich zu deinem Vater schicken"
«Я пошлю тебя к твоему отцу»
„Du sollst bei ihm bleiben"
«ты останешься с ним»
"und dieses unglückliche Tier wird stattdessen vor Kummer sterben"
"а это несчастное животное вместо этого умрет от горя"
"Nein", sagte die Schönheit weinend
«Нет», — сказала красавица, плача.
„Ich liebe dich zu sehr, um die Ursache deines Todes zu sein"
«Я люблю тебя слишком сильно, чтобы стать причиной твоей смерти»
„Ich verspreche Ihnen, in einer Woche wiederzukommen"
«Я обещаю вернуться через неделю»
„Du hast mir gezeigt, dass meine Schwestern verheiratet sind"
«Ты показал мне, что мои сестры замужем»
„und meine Brüder sind zur Armee gegangen"
«и мои братья ушли в армию»
"Lass mich eine Woche bei meinem Vater bleiben, da er allein ist"
«Позвольте мне побыть неделю с отцом, так как он один»
"Morgen früh wirst du dort sein", sagte das Tier
«Ты будешь там завтра утром», — сказал зверь.
„Aber denk an dein Versprechen"
"но помни свое обещание"
„Sie brauchen Ihren Ring nur auf den Tisch zu legen, bevor Sie zu Bett gehen."
«Вам нужно просто положить кольцо на стол перед тем, как лечь спать»
"Und dann werdet ihr vor dem Morgen zurückgebracht"
«и тогда ты будешь возвращен до наступления утра»
„Lebe wohl, liebe Schönheit", seufzte das Tier

«Прощай, дорогая красавица», — вздохнуло чудовище.
Die Schönheit ging an diesem Abend sehr traurig ins Bett
Красавица легла спать очень грустной той ночью
weil sie das Tier nicht so besorgt sehen wollte
потому что она не хотела видеть зверя таким обеспокоенным
am nächsten Morgen fand sie sich im Haus ihres Vaters wieder
на следующее утро она оказалась в доме своего отца
sie läutete eine kleine Glocke neben ihrem Bett
она позвонила в маленький колокольчик у своей кровати
und das Dienstmädchen stieß einen lauten Schrei aus
и служанка громко вскрикнула
und ihr Vater rannte nach oben
и ее отец побежал наверх
er dachte, er würde vor Freude sterben
он думал, что умрет от радости
er hielt sie eine Viertelstunde lang in seinen Armen
он держал ее в своих объятиях четверть часа
irgendwann waren die ersten Grüße vorbei
в конце концов первые приветствия закончились
Schönheit begann daran zu denken, aus dem Bett zu steigen
красавица начала думать о том, чтобы встать с постели
aber sie merkte, dass sie keine Kleidung mitgebracht hatte
но она поняла, что не взяла с собой никакой одежды
aber das Dienstmädchen sagte ihr, sie habe eine Kiste gefunden
но служанка сказала ей, что она нашла коробку
der große Koffer war voller Kleider und Kleider
большой багажник был полон платьев и платьев
jedes Kleid war mit Gold und Diamanten bedeckt
каждое платье было покрыто золотом и бриллиантами
Schönheit dankte dem Tier für seine freundliche Pflege
Красавица поблагодарила чудовище за его добрую заботу
und sie nahm eines der schlichtesten Kleider
и она взяла одно из самых простых платьев

Die anderen Kleider wollte sie ihren Schwestern schenken
она намеревалась отдать остальные платья своим сестрам
aber bei diesem Gedanken verschwand die Kleidertruhe
но при этой мысли сундук с одеждой исчез
Das Biest hatte darauf bestanden, dass die Kleidung nur für sie sei
зверь настоял на том, что одежда предназначалась только ей
ihr Vater sagte ihr, dass dies der Fall sei
ее отец сказал ей, что это так
und sofort kam die Kleidertruhe wieder zurück
и тут же сундук с одеждой вернулся обратно
Schönheit kleidete sich mit ihren neuen Kleidern
красавица оделась в свою новую одежду
und in der Zwischenzeit gingen die Mägde los, um ihre Schwestern zu finden
а тем временем служанки отправились на поиски ее сестер
Ihre beiden Schwestern waren mit ihren Ehemännern
обе ее сестры были со своими мужьями
aber ihre beiden Schwestern waren sehr unglücklich
но обе ее сестры были очень несчастны
Ihre älteste Schwester hatte einen sehr gutaussehenden Herrn geheiratet
ее старшая сестра вышла замуж за очень красивого джентльмена
aber er war so selbstgefällig, dass er seine Frau vernachlässigte
но он был так привязан к себе, что пренебрегал своей женой
Ihre zweite Schwester hatte einen geistreichen Mann geheiratet
ее вторая сестра вышла замуж за остроумного человека
aber er nutzte seinen Witz, um die Leute zu quälen
но он использовал свое остроумие, чтобы мучить людей
und am meisten quälte er seine Frau
и больше всего он мучил свою жену

Die Schwestern der Schönheit sahen sie wie eine Prinzessin gekleidet
сестры красавицы увидели ее одетой как принцесса
und sie waren krank vor Neid
и они были больны завистью
jetzt war sie schöner als je zuvor
теперь она была красивее, чем когда-либо
ihr liebevolles Verhalten konnte ihre Eifersucht nicht unterdrücken
ее ласковое поведение не могло заглушить их ревность
Sie erzählte ihnen, wie glücklich sie mit dem Tier war
она рассказала им, как она счастлива со зверем
und ihre Eifersucht war kurz vor dem Platzen
и их ревность была готова взорваться
Sie gingen in den Garten, um über ihr Unglück zu weinen
Они спустились в сад, чтобы оплакать свое несчастье.
„Inwiefern ist dieses kleine Geschöpf besser als wir?"
«Чем это маленькое существо лучше нас?»
„Warum sollte sie so viel glücklicher sein?"
«Почему она должна быть намного счастливее?»
„Schwester", sagte die ältere Schwester
«Сестра», — сказала старшая сестра.
„Mir ist gerade ein Gedanke gekommen"
"мне только что пришла в голову мысль"
„Versuchen wir, sie länger als eine Woche hier zu behalten"
«Давайте попробуем удержать ее здесь больше недели»
„Vielleicht macht das das dumme Monster wütend"
«возможно, это разозлит глупого монстра»
„weil sie ihr Wort gebrochen hätte"
«потому что она бы нарушила свое слово»
"und dann könnte er sie verschlingen"
"и тогда он может ее поглотить"
"Das ist eine tolle Idee", antwortete die andere Schwester
«Это отличная идея», — ответила другая сестра.
„Wir müssen ihr so viel Freundlichkeit wie möglich entgegenbringen"

«мы должны проявить к ней как можно больше доброты»
Die Schwestern fassten den Entschluss
сестры приняли это решение
und sie verhielten sich sehr liebevoll gegenüber ihrer Schwester
и они вели себя очень ласково со своей сестрой
Die arme Schönheit weinte vor Freude über all ihre Freundlichkeit
Бедная красавица плакала от радости от всей их доброты.
Als die Woche um war, weinten sie und rauften sich die Haare
когда неделя истекла, они плакали и рвали на себе волосы
es schien ihnen so leid zu tun, sich von ihr zu trennen
им было так жаль расставаться с ней
und die Schönheit versprach, noch eine Woche länger zu bleiben
и красота обещала остаться еще на неделю
In der Zwischenzeit konnte die Schönheit nicht umhin, über sich selbst nachzudenken
В то же время, красавица не могла не задуматься о себе
sie machte sich Sorgen darüber, was sie dem armen Tier antat
она беспокоилась о том, что она делает с бедным животным
Sie wusste, dass sie ihn aufrichtig liebte
она знала, что искренне любила его
und sie sehnte sich wirklich danach, ihn wiederzusehen
и она очень хотела увидеть его снова
Auch die zehnte Nacht verbrachte sie bei ihrem Vater
десятую ночь она тоже провела у отца
sie träumte, sie sei im Schlossgarten
ей приснилось, что она в дворцовом саду
und sie träumte, sie sähe das Tier ausgestreckt im Gras liegen
и ей приснилось, что она увидела зверя, распростертого на траве

er schien ihr mit sterbender Stimme Vorwürfe zu machen
он, казалось, упрекал ее умирающим голосом
und er warf ihr Undankbarkeit vor
и он обвинил ее в неблагодарности
Schönheit erwachte aus ihrem Schlaf
Красавица проснулась ото сна
und sie brach in Tränen aus
и она разрыдалась
„Bin ich nicht sehr böse?"
«Разве я не очень злой?»
„War es nicht grausam von mir, so unfreundlich gegenüber dem Tier zu sein?"
«Разве не жестоко с моей стороны было так жестоко поступить со зверем?»
„Das Biest hat alles getan, um mir zu gefallen"
«Зверь сделал все, чтобы мне угодить»
"Ist es seine Schuld, dass er so hässlich ist?"
«Разве он виноват, что он такой уродливый?»
„Ist es seine Schuld, dass er so wenig Verstand hat?"
«Разве он виноват, что у него так мало ума?»
„Er ist freundlich und gut, und das genügt"
«Он добрый и хороший, и этого достаточно»
„Warum habe ich mich geweigert, ihn zu heiraten?"
«Почему я отказалась выйти за него замуж?»
„Ich sollte mit dem Monster glücklich sein"
«Я должен быть счастлив с монстром»
„Schau dir die Männer meiner Schwestern an"
«Посмотрите на мужей моих сестер»
„Weder Witz noch Schönheit machen sie gut"
«ни остроумие, ни красота не делают их хорошими»
„Keiner ihrer Ehemänner macht sie glücklich"
«ни один из их мужей не делает их счастливыми»
„sondern Tugend, Sanftmut und Geduld"
«но добродетель, кротость нрава и терпение»
„Diese Dinge machen eine Frau glücklich"
«Эти вещи делают женщину счастливой»

„und das Tier hat all diese wertvollen Eigenschaften"
«и у зверя есть все эти ценные качества»
„es ist wahr, ich empfinde keine Zärtlichkeit und Zuneigung für ihn"
«это правда; я не чувствую к нему нежности привязанности»
„aber ich empfinde für ihn die allergrößte Dankbarkeit"
«но я чувствую к нему величайшую благодарность»
„und ich habe die höchste Wertschätzung für ihn"
«и я испытываю к нему глубочайшее уважение»
"und er ist mein bester Freund"
"и он мой лучший друг"
„Ich werde ihn nicht unglücklich machen"
«Я не сделаю его несчастным»
„Wenn ich so undankbar wäre, würde ich mir das nie verzeihen"
«Если бы я был таким неблагодарным, я бы себе этого никогда не простил».
Schönheit legte ihren Ring auf den Tisch
красавица положила кольцо на стол
und sie ging wieder zu Bett
и она снова пошла спать
kaum war sie im Bett, da schlief sie ein
едва она легла в постель, как тут же уснула
Sie wachte am nächsten Morgen wieder auf
она снова проснулась на следующее утро
und sie war überglücklich, sich im Palast des Tieres wiederzufinden
и она была вне себя от радости, оказавшись во дворце зверя.
Sie zog eines ihrer schönsten Kleider an, um ihm zu gefallen
она надела одно из своих самых красивых платьев, чтобы порадовать его
und sie wartete geduldig auf den Abend
и она терпеливо ждала вечера
kam die ersehnte Stunde

настал желанный час
die Uhr schlug neun, doch kein Tier erschien
часы пробили девять, но зверь не появился
Schönheit befürchtete dann, sie sei die Ursache seines Todes gewesen
Красавица тогда испугалась, что она стала причиной его смерти
Sie rannte weinend durch den ganzen Palast
она бегала, плача, по всему дворцу
nachdem sie ihn überall gesucht hatte, erinnerte sie sich an ihren Traum
после того, как она искала его везде, она вспомнила свой сон
und sie rannte zum Kanal im Garten
и она побежала к каналу в саду
Dort fand sie das arme Tier ausgestreckt
там она нашла бедное животное, распростертое
und sie war sicher, dass sie ihn getötet hatte
и она была уверена, что убила его
sie warf sich ohne Furcht auf ihn
она бросилась к нему без всякого страха
sein Herz schlug noch
его сердце все еще билось
sie holte etwas Wasser aus dem Kanal
она принесла немного воды из канала
und sie goss das Wasser über seinen Kopf
и она вылила воду ему на голову
Das Tier öffnete seine Augen und sprach mit der Schönheit
зверь открыл глаза и заговорил с красавицей
„Du hast dein Versprechen vergessen"
«Ты забыл свое обещание»
„Es hat mir das Herz gebrochen, dich verloren zu haben"
«Я был так убит горем, потеряв тебя»
„Ich beschloss, zu hungern"
«Я решил уморить себя голодом»
„aber ich habe das Glück, Sie wiederzusehen"

«но я имею счастье увидеть тебя еще раз»
„so habe ich das Vergnügen, zufrieden zu sterben"
"поэтому я имею удовольствие умереть довольным"
„Nein, liebes Tier", sagte die Schönheit, „du darfst nicht sterben"
«Нет, милый зверь, — сказала красавица, — ты не должен умереть».
„Lebe, um mein Ehemann zu sein"
«Жить, чтобы быть моим мужем»
„Von diesem Augenblick an reiche ich dir meine Hand"
«с этого момента я даю тебе свою руку»
„und ich schwöre, niemand anderes als Dein zu sein"
«И я клянусь быть только твоим»
„Ach! Ich dachte, ich hätte nur Freundschaft für dich."
«Увы! Я думал, у меня к тебе только дружба».
"aber der Kummer, den ich jetzt fühle, überzeugt mich;"
«но горе, которое я сейчас чувствую, убеждает меня»;
„Ich kann nicht ohne dich leben"
"Я не могу жить без тебя"
Schönheit hatte diese Worte kaum gesagt, als sie ein Licht sah
Красавица едва успела произнести эти слова, как увидела свет
der Palast funkelte im Licht
дворец сверкал светом
Feuerwerk erleuchtete den Himmel
фейерверк осветил небо
und die Luft erfüllt mit Musik
и воздух наполнен музыкой
alles kündigte ein großes Ereignis an
все предвещало какое-то великое событие
aber nichts konnte ihre Aufmerksamkeit fesseln
но ничто не могло удержать ее внимание
sie wandte sich ihrem lieben Tier zu
она повернулась к своему дорогому зверю
das Tier, vor dem sie vor Angst zitterte

зверь , перед которым она дрожала от страха
aber ihre Überraschung über das, was sie sah, war groß!
но ее удивление было велико, когда она увидела то, что она увидела!
das Tier war verschwunden
зверь исчез
stattdessen sah sie den schönsten Prinzen
вместо этого она увидела прекраснейшего принца
sie hatte den Zauber beendet
она положила конец заклинанию
ein Zauber, unter dem er einem Tier ähnelte
заклинание, под действием которого он напоминал зверя
dieser Prinz war all ihre Aufmerksamkeit wert
этот принц был достоин всего ее внимания
aber sie konnte nicht anders und musste fragen, wo das Biest war
но она не могла не спросить, где зверь
„Du siehst ihn zu deinen Füßen", sagte der Prinz
«Вы видите его у своих ног», — сказал принц.
„Eine böse Fee hatte mich verdammt"
«Злая фея осудила меня»
„Ich sollte diese Gestalt behalten, bis eine wunderschöne Prinzessin einwilligte, mich zu heiraten."
«Я должен был оставаться в этом облике до тех пор, пока прекрасная принцесса не согласится выйти за меня замуж».
„Die Fee hat mein Verständnis verborgen"
«фея спрятала мое понимание»
„Du warst der Einzige, der großzügig genug war, um von meiner guten Laune bezaubert zu sein."
«Ты был единственным, кто был настолько великодушен, что тебя очаровала доброта моего характера»
Schönheit war angenehm überrascht
красавица была приятно удивлена
und sie gab dem bezaubernden Prinzen ihre Hand
и она протянула руку прекрасному принцу

Sie gingen zusammen ins Schloss
они вместе пошли в замок
und die Schöne war überglücklich, ihren Vater im Schloss zu finden
и красавица была вне себя от радости, обнаружив своего отца в замке
und ihre ganze Familie war auch da
и вся ее семья тоже была там
sogar die schöne Dame, die in ihrem Traum erschienen war, war da
даже прекрасная леди, которая явилась ей во сне, была там
"Schönheit", sagte die Dame aus dem Traum
"красота", сказала дама из сна
„Komm und empfange deine Belohnung"
«приди и получи свою награду»
„Sie haben die Tugend dem Witz oder dem Aussehen vorgezogen"
«Вы предпочли добродетель уму или внешности»
„und Sie verdienen jemanden, in dem diese Eigenschaften vereint sind"
«И ты заслуживаешь того, в ком эти качества объединены»
„Du wirst eine großartige Königin sein"
«Ты будешь великой королевой»
„Ich hoffe, der Thron wird deine Tugend nicht schmälern"
«Надеюсь, трон не умалит твоей добродетели»
Dann wandte sich die Fee an die beiden Schwestern
затем фея повернулась к двум сестрам
„Ich habe in eure Herzen geblickt"
«Я видел, что внутри ваших сердец»
„und ich kenne die ganze Bosheit, die in euren Herzen steckt"
«И я знаю всю злобу, что таится в ваших сердцах»
„Ihr beide werdet zu Statuen"
«Вы двое станете статуями»
„Aber ihr werdet euren Verstand bewahren"

"но вы сохраните свой разум"
„Du sollst vor den Toren des Palastes deiner Schwester stehen"
«Ты будешь стоять у ворот дворца твоей сестры»
„Das Glück deiner Schwester soll deine Strafe sein"
«Счастье твоей сестры будет твоим наказанием»
„Sie werden nicht in Ihren früheren Zustand zurückkehren können"
«Вы не сможете вернуться в свои прежние состояния»
„es sei denn, Sie beide geben Ihre Fehler zu"
«если только вы оба не признаете свои ошибки»
„Aber ich sehe voraus, dass ihr immer Statuen bleiben werdet"
"но я предвижу, что вы навсегда останетесь статуями"
„Stolz, Zorn, Völlerei und Faulheit werden manchmal besiegt"
«гордыня, гнев, чревоугодие и праздность иногда побеждаются»
„aber die Bekehrung neidischer und böswilliger Gemüter sind Wunder"
« но обращение завистливых и злобных умов — это чудеса»
sofort strich die Fee mit ihrem Zauberstab
тут же фея взмахнула палочкой
und im nächsten Augenblick waren alle im Saal entrückt
и в один миг все, кто был в зале, перенеслись
Sie waren in die Herrschaftsgebiete des Fürsten eingedrungen
они отправились во владения принца
die Untertanen des Prinzen empfingen ihn mit Freude
подданные принца приняли его с радостью
der Priester heiratete die Schöne und das Biest
священник женился на красавице и чудовище
und er lebte viele Jahre mit ihr
и он прожил с ней много лет
und ihr Glück war vollkommen

и их счастье было полным
weil ihr Glück auf Tugend beruhte
потому что их счастье было основано на добродетели

Das Ende
Конец

www.ingramcontent.com/pod-product-compliance
Lightning Source LLC
Chambersburg PA
CBHW011551070526
44585CB00023B/2555